CB035417

ENTRE
BARATAS E
RINOCERONTES

Mauro Mendes Dias

ENTRE **BARATAS** E **RINOCERONTES**

ILUMINURAS

Capa e projeto gráfico
Eder Cardoso / Iluminuras

Revisão
Santuza Cavalini
Monika Vibeskaia

CIP-BRASIL. CATALOGAÇÃO NA PUBLICAÇÃO
SINDICATO NACIONAL DOS EDITORES DE LIVROS, RJ
D533e

Dias, Mauro Mendes, 1964-
Entre baratas e rinocerontes / Mauro Mendes Dias. - 1. ed. - São Paulo : Iluminuras, 2021.
72 p. ; 21 cm.

ISBN 978-65-5519-118-9

1. Psicanálise. I. Título.

21-73353 CDD: 150.195
CDU: 159.964.2

Meri Gleice Rodrigues de Souza - Bibliotecária - CRB-7/6439

2021
EDITORA ILUMINURAS LTDA.
Rua Inácio Pereira da Rocha, 389 - 05432-011 - São Paulo - SP - Brasil
Tel./Fax: 55 11 3031-6161
iluminuras@iluminuras.com.br
www.iluminuras.com.br

SUMÁRIO

"As perversões conduzem regularmente à zoofilia e têm uma característica animalesca"[1]

Sigmund Freud

1 Freud, S. Carta de 11/01/1897, correspondência com Wilhelm Fliess. Editora Imago, 1986.

INTRODUÇÃO

Mauro Mendes Dias

O livro que o leitor tem em mãos, foi escrito depois de um ano e alguns meses do lançamento do meu livro anterior, *O discurso da estupidez*, por esta mesma editora. Meu objetivo no primeiro foi mostrar de que forma, desde a Psicanálise, se pode situar o funcionamento de um discurso, o da estupidez, responsável pela produção de efeitos que nomeei como vociferações. Elas não se reduzem ao que identificamos habitualmente como falas estúpidas, ou seja, discursos que transmitem asneiras. Quando afirmo que as vociferações não se reduzem a essas falas, sem excluí-las, é porque as situo a partir do funcionamento dos discursos, tal como elaborados pelo psicanalista Jacques Lacan, em seu Seminário, *O avesso da psicanálise*, assim como em outros momentos de sua obra. Dentre os quatro termos que compõem o discurso da estupidez, me valendo da estrutura do discurso, referenciada acima, incluí no lugar do agente do discurso, o estúpido, no lugar da verdade, a crença, no lugar daquele para quem o discurso se dirige as vociferações, e no lugar do que esse discurso produz, desde as vociferações, incluí a barata. Introduzi como causa para a instalação e participação nesse discurso, um ato de consentimento do sujeito à retirada da própria voz. Ou seja, o sujeito fala, sem particularidade, na medida em que se entrega incondicionalmente ao discurso do Outro. Tal condição, ao mesmo tempo, subjetiva e política, suscita uma aproximação e cativação por outros discursos, que compartilham com o discurso da estupidez, a defesa de uma outra realidade. Realidade, essa, que é estruturada por uma crença. Por isso mesmo é preciso situar que, desde a Psicanálise, a crença é um elemento organizador da estruturação subjetiva de cada um de nós. Seja a crença de um Outro completo, mãe, Deus, seja a crença na imortalidade, o investimento na crença revela que sujeito pode ficar detido nela. Procurei ressaltar, com o discurso da estupidez, a presença da barata e do rinoceronte entre nós. Tal como a Literatura havia mostrado com Ian McEwan, no livro *A barata*, e o teatro, com Ionesco, na peça, *O rinoceronte*, os animais estão entre nós, e são cativantes, para muitos.

Procurei colocar em questão as formas habituais de analisar, no sentido de uma rapidez repetitiva de soluções, os efeitos deletérios que se produzem no laço social, quando vemos proliferar a rudeza, a dureza, e a crueldade dos rinocerontes. Se as baratas foram incluídas no discurso da estupidez, como produto dele, é tão somente pelo fato de que a produção de baratas retroalimenta o estúpido, fazendo-o cada vez mais asqueroso, tal como na Literatura, e na vida. Sim, na vida que vivemos.

E é nessa questão que me detenho no livro de agora. O que significa incorporar os animais? Não é o mesmo que andar e se expressar como eles. Mas é, ao mesmo tempo, falar como um animal e andar na vida como ele. Uma coisa é dizer da presença do animal no ser humano, como analogia. Outra coisa é falar, como agora, do homem, pela presença do que ele conserva e admira na conduta animal. Aprendendo com as baratas e os rinocerontes para atender seus objetivos hediondos. Destruindo o patrimônio ecológico como uma manada de rinocerontes. Admirando o ataque em bando das baratas, de forma a aprender com elas as leis do esgoto. Introduzi o que reconheço estar acontecendo por meio do discurso da estupidez, tanto quanto pela presença da incorporação animal, o que me levou a indicar a invenção de alternativas de abordagem, como sinônimas de tratamentos possíveis para tais acontecimentos.

Não existe fruto que nasça maduro. No presente, tenho como objetivo incluir outros animais que me permitam avançar na escrita, tanto quanto no esclarecimento de outras questões, por esse caminho que convido o leitor.

"A zooantropolítica, mais do que a biopolítica, eis aí o nosso horizonte problemático"[1]

Jacques Derrida

[1] Derrida, J. Seminário A besta e o soberano, p. 106. Editora Via Vérita, 2016.

ENTRE **BARATAS** E **RINOCERONTES**

APROXIMAÇÃO E CONVIVÊNCIA

Convivendo entre baratas e rinocerontes, isso é possível? Sim, desde que estejamos em condições de admitir que encarnar o espírito dos animais sempre esteve presente nas sociedades e nas experiências subjetivas dos seres humanos. Expressões como, "parece um cavalo"; se referindo a atitudes grosseiras ou, "um elefante na cristaleira", ao causar estrago num ambiente; ter "língua de cobra", para se referir a um caráter mordaz; em nenhuma delas nos sentimos sem condições de entendimento.

E as baratas e os rinocerontes? As primeiras, quando mencionadas, lembram sempre nojo e aversão devido a posições deploráveis. E quanto aos rinocerontes, esses animais que sobrevivem a milhares de quilômetros de distância? É certo que o couro deles, tão difícil de ser perfurado, exigindo armas de calibres especiais nos permite evocar a dureza, a rudeza, o ataque abrupto motivado por uma aproximação não calculada.

Rinocerontes e baratas, baratas e rinocerontes, receberam lugar de destaque na Literatura com o livro de Ian McEwan, *A barata* e no teatro, com a peça de Ionesco, *O rinoceronte*. O que é certo, basta uma leitura, é que os homens, estando no cargo mais alto da nação, como em *A barata*, são suficientemente capazes de se transformarem em seres abjetos. Não estão sozinhos nisso. Afinal, o personagem Jim Sans, ao acordar transformado em barata, não deixa de se ocupar das funções que lhe cabiam como Primeiro Ministro. Com um detalhe que irá nos interessar mais adiante: contou com a falta de espanto e reação de todos à sua volta. *E a nave vá*!

Em se tratando do Rinoceronte, foi distinguido na peça teatral de mesmo nome. Mas não somente. Foi também adotado como símbolo da força pelo fascismo espanhol. Trata-se de uma aproximação semelhante àquela realizada pelos consumidores do chifre desses animais, com o objetivo de alcançar uma potência sexual extraordinária. Não nos passa despercebido que o uso do símbolo ou o consumo dos chifres são atitudes que expressam, com clareza velada, a presença de sérias limitações.

Tudo se passa como se a força do fascismo só encontrasse equivalência à altura do rinoceronte para representar sua condição extraordinária. A aceitação mais imediata que se pode fazer a esse tipo de argumento é que, sim, de fato, é necessário ser portador de uma imagem grandiosa de força inabalável, seja individual ou coletiva, para usá-lo como símbolo.

E será que não existe também uma aproximação com a força que se busca ao mostrar com uma hipervirilidade que apenas o chifre do rinoceronte poderia permitir conquistar? Quanto a isso não há a menor dúvida. Afinal, não existe estado mais pertinente às relações eróticas, para alguns, quando se sentem portadores da força de um "chifre", entre as pernas?!

Seja para mostrar força ou virilidade, o único problema de tais iniciativas, inteiramente desprezíveis para seus adeptos, é que sob a suposta força do símbolo, tanto quanto do chifre viril, se encobrem outras duas realidades: o fracasso e a impotência.

E para quê cogitar sobre fracasso e impotência? Não somente porque existem, poderia ser a primeira resposta. Mas, também, condição bem mais expressiva, é que quando não as incluímos, rapidamente nos contamos pela força dos animais que supomos imbatíveis. E quando assim acontece uma primeira metamorfose começa a produzir seus frutos.

O SURGIMENTO DAS BARATAS

Elas se realizam em contextos que, a princípio, não mantinham qualquer tipo de ligação. Ao despertar, nos conta Kafka na *Metamorfose*, assim como Ian McEwan em *A barata*, Gregor Sansa e Jim Sans, percebem que alguma coisa de muito diferente aconteceu ao tocarem seus próprios corpos. Mais rápido do que imaginamos uma Outra realidade se apresenta em caráter conclusivo: durante o sono algo de inédito ocorreu, e quando finalmente o protagonista se dá conta, o besouro e a barata substituem os corpos de antes. Ao que parece, A barata saiu vitoriosa. Mesmo em sua nova versão, Jim Sans se mantém com consciência e senso de dever a cumprir em suas altas funções.

Melhor dizendo, funções bem elevadas, afinal de contas as baratas chegam e ocupam qualquer lugar. Mesmo quando se tenta evitá-las com inseticidas, acabam encontrando condições de adaptação. Se fossem seres humanos, se fossem, diríamos que elas encontrariam sempre aliados e alianças para proliferarem e nos surpreender no seu retorno em massa. É incrível como aparecem onde menos esperávamos. Abre-se um freezer e lá estão elas, congeladas, aguardando serem descongeladas por mãos generosas, para tomar conta do ambiente! Mais incrível ainda é quando constatamos que elas sobreviveram. Parecia que tínhamos esmagado. Não estão mortas, lá onde tínhamos suposto tê-las visto acabadas. E voltam pelos ralos de nossas casas e cotidiano. Elas retornam como sinônimos de seres abjetos. Gostaríamos que não existissem, mas isso é tão somente um logro, uma ilusão que construímos e compartilhamos como forma de não querer se haver com elas.

OS SERES BARATAS

Se se pode mostrar a encarnação da barata entre os seres humanos, como semelhante a seres humanos, falando e trabalhando, é porque ela ganhou status de figura pública. Temos hoje centenas, milhares delas convivendo conosco. Misturam-se e cativam aos que desejam habitar o esgoto. Caso o esgoto não despertasse algum tipo de curiosidade, de um gosto sinistro, por que haveria em Paris, indicados em muitos guias turísticos, o passeio pelo esgoto subterrâneo da cidade?

Depois de não precisarem mais viver somente dentro dos ralos, canos e ambientes em decomposição, outra mudança se fez notar: adquiriram hábitos humanos, constituíram famílias e, coisa curiosa, mostram ter mais sentimentos do que muitos.

Aliás, os observadores puderam constatar que em relação aos afetos parece não terem conquistado um certo equilíbrio regulador. Talvez porque muitas delas voassem antes, ninguém sabe ao certo. Verifica-se sempre muita expansividade, sinceridade, abraços fortes e beijos no rosto, a não ser quando são contrariadas.

Depois de muito tempo vivendo nos esgotos e frequentando ambientes em putrefação, perderam a possibilidade de desenvolver raciocínio, gosto estético e julgamento. Não admitem mais nenhum tipo de ação contrária a elas, tampouco são sensíveis ao diálogo. Depois de décadas se sentindo perseguidas e maltratadas se valem da vantagem de possuir asas e atacam a quem as constrangem ou intimidam.

Tanto é verdade o que vem sendo dito sobre as baratas que, mesmo falando de forma às vezes um pouco difícil de entender, pregam abertamente que os esgotos sejam mantidos a céu aberto. Acreditam ser mais autêntico viver dessa forma. Não é necessário desenvolver nenhum tipo de limpeza, ou mesmo o que os antigos humanos chamavam de cuidado com a saúde. Nenhum tipo de prevenção deve ser adotado para que vida se mantenha. A prosperidade e o futuro só dependem da imersão nas águas fétidas e nos alimentos estragados disputados a patadas e ferroadas. Grandes piscinas públicas de esgoto estão sendo propostas. Elas permitem nos darmos conta da importância desses seres que nos trouxeram a possibilidade de ter de se haver com uma verdadeira metamorfose.

SOBREVIVÊNCIA DAS BARATAS

Afinal, se as baratas não fossem portadoras de nossa redenção, por que os cientistas, esses seres que se acreditam diferentes, somente porque estudaram, tem afirmado que apenas elas sobreviveriam a uma explosão nuclear na Terra?

É incrível como os antigos homens acreditavam equivocadamente, que o contato e o direito à vida compartilhada abertamente com as baratas deviam ser evitados. Não se deram conta que se limitando a reprimi-las, ocasionalmente aceitando seus favores, favorecendo-as com algumas recompensas, isso seria suficiente para acalmá-las em seus sonhos de poder.

Se todos os tipos de animais já conviviam com os humanos, por que somente as baratas e os rinocerontes deveriam ser demovidos de seus sonhos? Não é por acaso que centenas, milhares delas contestam e contestaram uma política que acusavam voltada a beneficiar privilegiados. Privilegiados esses, sempre acusados de desonestidade, aos quais se deve fazer uma campanha decididamente contrária ao argumento. Pensar não é um atributo das baratas.

A vida e a riqueza ilícita pulsam nos esgotos. Centenas de baratas trabalham dia e noite sem parar. Elas mantêm seus exércitos próprios e condições de resolver conflitos e impasses de tal forma, que se recusam reconhecer a assim chamada civilização.

Dependendo do local onde as baratas convivem e se comprometem a manter a ordem, nem a força precisam usar, basta ostentarem seu poder de fogo. É surpreendente, mas precisamos reconhecer que as baratas criaram sua própria religião. Fazem proliferar o espírito delas profanando o que habitualmente nomeamos como igrejas. É de lá que transmitem o encantamento pela submissão e resignação.

Não é de uma única forma que o espírito da barata é transmitido e adubado nesses templos. Disseminam-se de diferentes formas promovendo a paixão pela ignorância e o medo. Em se tratando da abordagem da sexualidade em suas diferentes filiais, o que conseguem é o atordoamento com discursos repetitivos e culpabilizantes.

Se se quer, de fato, reconhecer a existência das baratas é preciso, em primeiro lugar, não se utilizar de referências nas quais a existência delas se intensifica pela falta. Falta de cultura, falta de formação e posição política, falta de acesso à informação crítica etc. Elas pensam e agem de outra maneira, ou seja, como baratas. Tornando a abordagem delas extremamente complexa e sutil.

Imaginem se as baratas perderiam tempo, discutindo e tentando encontrar soluções para os problemas. Nada disso. As conexões entre os esgotos as ensinaram que é preciso se valer das diferentes possibilidades que o destino dos canos oferece. Elas não vão todas numa única direção. Ocupam diferentes lugares e quando menos se espera, rapidamente tomam conta.

Devido à sua recente expansão e por terem notado que foram olhadas com desconfiança, decidiram assumir os símbolos da nação como elemento de identificação e suposta distinção de caráter mundo afora.

Somente elas mesmas estariam autorizadas legitimamente a mostrar sua dedicação à pátria. Quem sempre soube se manter em esgotos durante décadas e décadas pode, de fato, transmitir o orgulho de ter habitado o subsolo sem se envergonhar. Aguardando o dia do retorno, como agora.

É surpreendente o poder organizador das baratas. Dependendo dos interesses, elas podem ocupar rapidamente o espaço, sem dar tempo de resposta. Quando estão em bando, mais difícil ainda uma resposta imediata. Mesmo que algumas sejam mortas, ou, como dizem os humanos, se finjam de mortas, as outras se dispersam e se escondem. Muitas sequer serão descobertas nos esconderijos. Podem estar a nossa volta e não percebermos. Fazem ninhos escondidos e se reproduzem sem que possamos achá-las.

A ASCENSÃO DO ESPÍRITO DAS BARATAS

Por que mesmo que as baratas em suas proporções supostamente mais numerosas ganharam tanto lugar? Por que se pode falar de invasão das baratas na vida pública das nações, e isso não despertar mais surpresa e indignação, a ponto de não promover respostas imediatas na resolução dos impasses?

O espírito da barata ganhou lugar e presença na vida pública e privada. O que antes era vivido como nojo e evitação do inseto barata agora é vivido como nojo e evitação dos seres baratas, para aqueles que se mantiveram humanos. Não somente os seres baratas fazem questão de trazer cada vez mais o esgoto a céu aberto, falando como baratas e agindo a favor da ampliação dos meios de reprodução delas.

Se me vali antes do recurso de falar das baratas, transmitindo suas posições, é somente porque reconheço a existência delas. Se se quer reduzir a uma condição de banalidade esse tipo de metáfora, é mesmo porque temos dificuldade de reconhecer que isso é mais do que uma metáfora.

Os acontecimentos que a existência delas promove se encontram diretamente ligados às condições de vantagem em que se encontram para impor suas próprias leis do esgoto. Leis essas, que impõem, sob a condição de valores a serem cultivados, aquilo que era para ter sido jogado fora. É o retorno dos detritos da história da civilização. Trata-se do consumo e da propaganda dos subprodutos que se decompõem.

A vigência das baratas e suas leis trazem de volta o lixo, local privilegiado de sua habitação. Os seres baratas invadem e tomam, mandam a seu bel prazer destruir e se apropriar de tudo em seu próprio benefício, tanto quanto dos bandos que os acompanham.

Os seres baratas não são o povo. Os seres baratas exploram, com uso da força ilegal, o povo. Os seres baratas dão nojo, aversão, repugnância, ódio e medo para muitos. Ao que parece portam um valor encantatório, para alguns. Não são os únicos que ganharam vida, os rinocerontes também.

OS RINOCERONTES ENTRE NÓS

Não é incomum entre as espécies que os animais de grande porte, convivam com insetos, baratas, por exemplo. Alguns, de menor porte que as baratas, se alimentam das larvas que habitam o couro dos rinocerontes. Quanto à barata, ela se ocupa dos excrementos deles. Ao que parece, elas os acompanham em suas diferentes trilhas. E assim, aprenderam com eles a se reunirem em bandos ocupando territórios isolados, onde não é permitido fazer aproximação.

Há uma diferença extraordinária entre as baratas e os rinocerontes. A presença deles é sempre marcada pela força e destruição. E zurram, tanto quanto fazem barulho ao correr em disparada para atacar, mesmo com o peso de seus corpos.

Se manter entre baratas e rinocerontes leva a constatar uma aliança inédita entre os dois. Os seres baratas que incorporaram o espírito *d'A barata* andam e falam como a literatura mostra. No caso dos rinocerontes, eles não falam, zurram. Semelhante aos gritos esbaforidos de ódio que lembram o grito na passagem de homem para lobisomem, como sinônimo do que anuncia o surgimento do homem-fera, da fera-homem.

Quando as baratas se aliam aos rinocerontes, mostram que é possível suscitar um tipo de satisfação que se mantinha praticamente intocado, acessível com mais intensidade nas fantasias e atos escondidos, agora trazido a público com escárnio.

Os seres baratas não experimentam o riso autêntico, tampouco a brincadeira. Para ser barata é preciso ter uma íntima ligação com o estúpido. E o estúpido é aquele que defende e promove que os esgotos sejam ampliados e vigiados à base da força.

Por isso mesmo, um dos estudiosos da estupidez humana, Carlo Cipolla, pôde afirmar que os estúpidos são o seres mais perigosos à nossa volta. Face ao que vem sendo apresentado, como entender esse perigo?

Esse é o momento que os rinocerontes entram em cena. Começando por destruir a voz, eles zurram, zurram palavras de ordem, proferem absurdos sem qualquer tipo de vergonha. Eles passam por cima da língua, da fala e do diálogo. Insistem na desordem ilegal como estratégia para brandir seus ódios.

Aprenderam com seus parentes, os nazistas, a desfaçatez de colocar como lema, num campo de concentração a redenção pelo trabalho. Trata-se de uma política que consente e estimula a transformação em rinocerontes, como estratégia para gozar, não necessariamente de qualquer coisa, mas do escárnio, da depredação, da destruição de qualquer tipo de lembrança de República democrática, tanto quanto de humanidade. Os rinocerontes vieram para destruir a democracia, o diálogo, o amor, a sexualidade, o argumento, o conflito mediado. Lembremos, os rinocerontes são animais de grande porte que se engrandecem pela força dos fuzis. Eles se impõem com decisões próprias, criando leis em seus benefícios. O primeiro a ser pisoteado é o campo do Direito.

AS VOCIFERAÇÕES E OS ÓDIOS

No livro anterior, *O Discurso da Estupidez*, introduzi o termo vociferação como forma de mostrar os efeitos que se produzem, num sujeito, quando ele abdica da sua voz, por consentir num discurso que o embrutece, retirando-o das leis da fala. Ele passa a zurrar exortando fake news, zurra ao decidir por um sentido que rasura o efeito da verdade. Ele zurra enfim, por ter se tornado uma besta humana.

Sim ou não, é junto a esse ser vociferante que não tem mais voz, tal como o rinoceronte, que as baratas encontraram sua companhia ideal?

Cada vez mais, a partir de agora, os seres baratas têm seus fortes aliados, aliados de peso. Precisam investir muito dinheiro para alimentação e manutenção deles. Com as baratas no poder, isso não chega a gerar um grande obstáculo. Afinal de contas, é somente a base de uma política realizada por seres baratas, ainda que não sejam todos, que podem retroalimentar e expandir.

Passar por cima da realidade em sua complexidade e indeterminação é o primeiro ato dos seres vociferantes, rinocerontes encarnados. Na sequência deles vem as baratas para estabelecer um novo sentido dessa realidade forçada. Ela passa a ser elementar, ridiculamente redutora e reduzida em termos de relação com o mundo. Importante lembrar, que não se introduz uma outra realidade somente com a força das armas. Para tanto é preciso ter contado com a força dos rinocerontes para a destruição da verdade. Terreno fértil para as baratas promoverem diferentes tipos de ódio. Principalmente se valendo de gritos, ameaças e violências, dos mais variados tipos.

Os ódios constituem, em sua pluralidade de objetos aos quais visam uma paixão que consome, ensurdece e enceguece. É a imagem realizada da turba de rinocerontes e baratas invadindo e destruindo. O discurso da estupidez incita ao ódio, na medida em que retira de cena a voz e a fala, com suas determinações inconscientes. Dessa forma a mediação não é mais possível, tampouco a sensatez.

Seres baratas e seres rinocerontes não são seres humanos, tal como acreditávamos ser possível ser humano. Os seres baratas e rinocerontes saíram das páginas da literatura, eles estão entre nós e nós, entre eles.

Existem milhares, milhões de outros seres diferenciados, mas, por que os seres baratas se metamorfosearam para serem tão dominantes?

Eles assim o são, em parte, por terem tomado a vida pública a seu bel prazer, mas também parecem ser dominantes porque souberam cativar os seus adeptos com um tipo de gozo que anula o compromisso ético e a vergonha, retirando o véu dela.

Agora é o rei que faz questão de se exibir nu, para o olhar gozoso de seus súditos.

HABITAR O ENTRE BARATAS E RINOCERONTES

Habitar o entre é, de saída, incluir o fracasso. Não é possível habitar esse lugar como sinônimo de preservar superioridade. Habitar o entre é, mesmo sem consentir, ser afetado pela presença das baratas e rinocerontes. Habitar o entre é também, admitir que muitas vezes se é tentado a sair destruindo baratas e rinocerontes com o mesmo ódio que suscitam. Por isso mesmo, habitar o entre implica no fracasso de uma posição isenta, ou de cultivo de equilíbrio perfeito. É somente porque habitar o entre sem fracasso é impossível, que se pode insistir na invenção de posições políticas e particulares que produzam alternativas. As quais, não se reduzem a combater e denunciar os seres baratas e rinocerontes. Tal princípio é o ponto de partida necessário para retomar as ligações que produzem apostas em projetos de vida, para ir além do instituído como sinônimo de além das baratas e rinocerontes. Esse além é também um retorno às causas da repetição da presença desses seres. Retornar e ir além se mantem ligados caso se queira tratar as causas da repetição como condição de transformá-las. Para tanto é preciso reconhecer que, seja na referência do particular, seja na do coletivo, as mudanças exigem uma temporalidade que não acontece num único passo.

Seres baratas e rinocerontes são especialistas em soluções rápidas e fáceis. Basta destruir o que existe para não produzir mais problemas. Quanto às complexidades, os seres baratas são plenos de êxitos. A tal ponto que o que era apresentado como difícil de resolver, é possível de ser modificado pelo cultivo da paixão pela ignorância. Tão mais cativante quanto mais a dissociação entre a especialização no saber que obtiveram, pode ser dissociada dos problemas que se apresentam na realidade. Seres baratas e rinocerontes portam essa competência, antes reservada aos caras de pau.

Longe de acreditar que a paixão da ignorância se disseminou como uma espécie de pó mágico. Encontraram um terreno fértil, plenamente adubado pelos caça-níqueis das imagens de si mesmo, em tamanho reduzido ou ampliado; pela identificação em tribos, com linguajares tão fascinantes que transformaram as palavras em gestos e exibição cansativa dos corpos.

Como habitar entre baratas e rinocerontes, que não seja incluindo o tratamento extensivo do ódio e da ignorância? Por que isso é importante? Porque tanto os ódios quanto as paixões, podem ser suscitados, estimulando causas que enceguecem, ensurdecem e embrutecem. Tal afirmação não é coincidente a cair na ilusão de que é possível viver sem ódio e ignorância. Ao contrário, se trata de incluir o ódio e a ignorância, visando reduzir seus efeitos devastadores. Afinal, já existem tentativas de domesticação dos rinocerontes, assim como tratamentos para combater as baratas por ondas sonoras e pelo cheiro.

Habitar o entre é também participar do humor. Não consentir ao escárnio, é o mínimo que se espera de pessoas que saibam se relacionar. No lugar do riso, os seres rinocerontes fazem escárnio, destruindo tudo. As baratas zombam, tanto quanto zunem.

Parto do princípio de que não há "solução final" para os seres baratas e rinocerontes, tampouco que se deva incluir tal expressão, com o peso hediondo que carrega da história, na abordagem deles. Insisto que a transformação do texto literário em realidade, implica admitir que as baratas e os rinocerontes estão entre nós. E se eles se encontram assim, é porque existe um discurso, agenciador de atos e falas que se impõe pela rudeza e dureza, como expressão da retirada de cena da voz, e pelo investimento em uma crença, no lugar da verdade. Tal funcionamento cativa, porque ele promete a exibição em público, da falta de decoro, educação, de pudor e vergonha, de descompromisso total com o semelhante, pisoteando direitos e deveres

As patas dos rinocerontes pisoteiam a Constituição, tanto quanto o valor da verdade e solidariedade. Somente por isso estão prontos para denegrir a compaixão e o luto.

O gozo dos seres rinocerontes está em poder mostrar tudo o que os outros não mostram, sem mesmo se perguntar por que não foi mostrado. Gozam e suscitam o gozo porque abrem as portas para a falta de constrangimento e respeito de forma consentida e compartilhada. Quanto mais execração, melhor. Porque, afinal de contas, o que se visa com isso é o retorno aos esgotos e seus territórios. Nada de se ocupar com políticas de bem-estar e cuidados coletivos.

Quando a vida é conduzida ao esgoto pela força, é preciso se valer dela, força de vida, para construir barreiras ao esgoto, com construções sólidas pelos laços de vida fora dele.

TRATAMENTOS POSSÍVEIS?

Sim tratamentos possíveis, desde que se considere, desde o início, que as intervenções, enquanto alternativas de abordagem para lidar com os seres baratas e rinocerontes, implica em reconhecê-los, em sua periculosidade e insensatez absurdas.

Certamente que não foi por acaso, que Carlo Cipolla, tenha afirmado em seu clássico sobre a estupidez, que existe sempre certa tendência de não acreditar, em nosso caso, na existência de seres baratas e rinocerontes. Curioso também observar a diferença existente da entrada em cena d'*A barata*, no livro de Iam MacEwan, e na peça de Ionesco com o rinoceronte. A barata segue a tradição de Kafka, uma vez que se abate, sob os personagens principais uma metamorfose. Tanto Gregor Samsa, quanto Jim Sans, acordam sob a forma de um grande inseto.

Existem ao menos duas diferenças entre Gregor Samsa e Jim Sans. A primeira é a morte. O inseto é morto no texto de Kafka. O poder de eliminar o inseto a que o homem foi reduzido, encontra nessa morte a sua máxima expressão. Diferente é a condição de Jim Sans, com o personagem de Kafka. Não somente ele se mante vivo ao ser transformado em barata, como ocupa o cargo mais alto da nação.

O que acompanhamos no devir da barata entre Kafka e Ian McEwan é que se num primeiro momento a barata foi eliminada de forma cruel, num segundo momento ela retorna para triunfar com sua crueldade. Quando se pode admitir a metamorfose do ser humano em barata se mantendo humano, ou seja, como ser barata, se pode entender também a companhia daqueles que se transformaram em rinocerontes.

Lembremos que na peça de Ionesco, os rinocerontes aparecem e não são de saída reconhecidos, tampouco causam estranheza. Mas, diferentemente de Kafka e Ian McEwan, a transformação, a admiração e a idealização pelos rinocerontes vão acontecendo aos poucos. A metamorfose é tanto abrupta quanto lenta. Os rinocerontes são muitos, diferente d'*A barata*. Mas nessa terra onde agora habitam os rinocerontes, a barata os comanda desde o cargo de primeiro-ministro.

Para falar de tratamentos possíveis é preciso considerar que o inumano está presente entre nós.

Quando a besta encarna com seus atos hediondos, significa que estamos num momento em que não se trata mais de investir num retorno à humanidade, somente. Existem seres baratas tanto quanto rinocerontes. Para tratar disso é preciso em primeiro lugar apostar na vigência do Direito. Não qualquer Direito como sinônimo de justiça primitiva e cega. Mas sim, com um Direito, tal como a iniciativa do Observatório da mentalidade inquisitória realiza, fundamentando, retomando e criticando para articular alternativas de forma a recolocar a importância da dignidade humana. Se faço esse tipo de menção, é com o objetivo de dar destaque ao tempo e ao trabalho de pesquisa que serão necessários para retomar a responsabilidade do julgamento, assim como, do lugar do Judiciário na ternariedade que constitui a República democrática.

Se não se pode prescindir do tempo para construir bases sólidas para a retomada do Direito, é porque não se pode, também, prescindir que a classe política, tanto quanto o executivo, não estejam marcados e comprometidos em fazer avançar a sociedade.

AS LEIS DO MERCADO

Nesse ponto, temos presença de um Outro tipo de ser, não mais animal, mas que animaliza pelas leis que impõe, como leis do mercado em uma economia neoliberal.

Numa sociedade na qual é consentida a presença de seres baratas e rinocerontes, tanto quanto a aceitação para a metamorfose, a partir de suas leis, me parece incontestável a presença em massa de patologias que são o efeito dessa parceria. Baratas, rinocerontes e economia neoliberal, enfim se solidarizam. Quanto menos direito do trabalho em vigor, quanto menos respeitos aos contratos e serviços, mais e mais se prolifera a terceirização da miséria. Miséria subjetiva, também, na medida em que as pessoas dispõem de míseros recursos para lidar com a exploração que as leis do mercado promovem em termos de reserva dos direitos do trabalho.

Quando se constata que os seres baratas e rinocerontes invadiram o espaço público chamando e cativando a atenção em função do escárnio, é o momento de admitir que há uma falha. Duplamente introduzida. A primeira se evidencia e se faz notar na falha, como sinônimo de fazer fracassar condições dignas de sobrevivência. Esse fazer fracassar é a colocação em ato do estado de proletarização e miséria que são promovidos em nome de fazer avançar a economia.

A segunda falha relaciona-se a lidar com os efeitos subjetivos pouco mencionados que participam dos afetos na convivência das sociedades democráticas. Uma certa apatia, uma espera demasiada para decidir sobre acontecimentos urgentes, um consentimento à vigência do absurdo, porquanto amparado em critérios legais, enfim, uma certa letargia, inteiramente conforme ao descompromisso e a desimplicação que os laços subjetivos também reafirmam.

Não será a partir de um novo líder ou Pai que tal transformação necessária deverá se basear, mas sim, na retomada da surpresa, da divisão, do encanto, do ódio em sua positividade, da convivência. Se não é possível tornar mais flexível o couro dos rinocerontes, isso não impede a limitação de sua expansão. Se não é possível fabricar um inseticida mais potente para lidar com as baratas, isso não impede que tenhamos que admitir mais a presença d'*A barata* no cargo mais alto da nação.

A REVOLUÇÃO DOS BICHOS

Quando consideramos com atenção o livro de George Orwell, para além das críticas que porventura se possa ter ao autor, reconhecemos no espírito dos animais, em suas falas, em seus atos, uma série de emoções que admitimos como verdadeiras. Aquilo que os animais falam e fazem na *Revolução dos Bichos* são coisas de seres humanos, vivido nos animais.

Procuro insistir, com os seres baratas e rinocerontes, que estamos vivendo a presença dos animais nos homens. Por que insistir nisso se não fosse pelo fato que isso modifica o mundo à nossa volta, nossos atos e afetos, ou não, com as baratas e rinocerontes?

Os animais de grande porte, tanto quanto os insetos dos esgotos, não vêm sozinhos ao mundo. Cada um deles vem acompanhado por seu cortejo. Burros que empacam e não arredam o pé; espíritos de porco que só querem, eles mesmos, aproveitar dos restos; lobos que se valem dos bandos para atacar as vítimas; cobras que hipnotizam e atacam suas presas.

Sim, o espírito dos bichos foi incorporado. Essa é a revolução em curso entre nós.

Afirmei antes que as baratas e rinocerontes vieram acompanhados. Cada vez mais tomamos conhecimento da ação de formigas carnívoras que destruíram plantações e florestas, acompanhados de porcos selvagens. Selvagens que se valem da selvageria para dizimar povos indígenas. Fica assim evidenciado, que o humano selvagem não é o índio.

A lei que é cultivada pelo espírito dos bichos é a da satisfação absoluta. Com isso, o ataque e a devoração são ilustrativos, como atos sem mediação.

Não haver mediação é o que estrutura o espírito dos bichos. Por isso mesmo, são tão cativantes para muitos. Não são a totalidade dos que estão à nossa volta, mas promovem uma realidade que nos afeta.

OUTRA REALIDADE

Levando isso em conta, é preciso introduzir uma Outra realidade, diferente da dos animais. Ela parte do princípio da inclusão da mediação como sinônimo da presença de um terceiro elemento vigorando na relação entre dois sujeitos. Para introduzir essa Outra realidade é necessário também, incluir o fracasso, mesmo que insistindo no terceiro. Ou seja, não há solução ideal, tampouco única para lidar com seres humanos que consentiram na incorporação do espírito animal.

É certo que não será somente brandindo por uma ética das relações que uma realidade diferente dos seres animais será construída. Os seres animais não incluem a sexualidade desejante inconsciente que é o núcleo da realidade humana. Por isso mesmo eles se comprazem na satisfação da fome, da sede e do sexo como se fosse um ciclo regulado por princípios morais.

Uma limitação decidida à proliferação do inumano é condição para constituição de uma realidade que se declare alinhada ao patrimônio civilizatório. Significa, portanto, investir na redução do poder dos bichos e suas revoluções.

Se há algo que os animais não podem viver, se mantendo encarnados, é a liberdade e a verdade, mesmo que parcial. Para haver leveza, experiência que os seres animais não possuem, é preciso deslocamento e surgimento do novo. Somente para aqueles que consentiram ao espírito dos animais, sem se darem conta, é que o importante é a caça ilegal como forma de gozar do extermínio.

Há um trabalho a ser empenhado na insistência à preservação e renovação do patrimônio da humanidade, para a redução do canto das sereias, tanto quanto dos zurros à nossa volta.

Pode parecer sempre um tanto quanto eloquente em demasia falar, em preservação e renovação do patrimônio da humanidade. Não haveria um certo tom a mais nisso? Um certo exagero?

Insisti desde o início que a revolução dos bichos, hoje, implica em reconhecê-los sob a forma de seres humanos baratas e rinocerontes...

Isso significa que há um discurso em exercício, que promove a retirada da voz com sua polissemia e posições diferenciadas na fala. Como rinocerontes, eles zurram palavras de ordem e absurdos. Como baratas, consentem em serem comandados de uma forma na qual o que importa é a aposta na crença de uma outra realidade.

Para essa realidade se sustentar, ela precisa ser destruída de todo o patrimônio de complexidade e diversidade da realidade existente.

É nesse ponto que o ódio entra em ação, participando ativamente da destruição. É o ódio por tudo aquilo que faz lembrar a presença da humanidade, em sua atualidade, ou seja, o ódio se dirige à presença da modernidade na vida pública e privada. Não é um ódio que se conta como ódio da mudança, apenas. Em se tratando de seres humanos, que vêm marcados por desejos, escolhas e fracassos, o ódio dos animais humanos é causado por terem de comparecer defendendo um tempo mentiroso, que nunca existiu tal como é contado. O ódio dos animais humanos aos seres humanos é causado pelo fracasso que é apresentado aos primeiros, por terem de fazer referência a um estado de coisas que só se sustenta pela força animal que imprimem aos seus atos. Mesmo assim, não se transformam por inteiro em animais, já que, querendo ou não, a condição civilizatória que pela linguagem, os impossibilitam de não ver e não escutar o que os contradizem, os afetam, mesmo não aceitando. No entanto, isso não é suficiente para pacificá-los, ao contrário, em muitos estimula a incorporação por mais tempo do espírito dos bichos de grande porte.

Ninguém sabe ao certo até onde os bichos humanos são capazes de chegar. Lembremos Carlo Cipolla quando diz que são os seres mais perigosos que existem. Eles vieram para ficar. Quanto mais se reduzem os tratamentos dessa incorporação do animal pelo uso da força, se desconsidera que a saída da condição de serem vistos, faz parte de estratégias próprias de sobrevivência.

Diante desse quadro de uma nova Guernica, agora com a diferença de vermos tratados os agentes do extermínio num regozijo imoral, não temos como negar a existência das bestas do Apocalipse entre nós. O surgimento delas introduz a necessidade de barrar suas presenças, tanto quanto inventar tratamentos para as causas que as suscitaram. A retomada do valor e função da autoridade se introduz como mais um elemento a ser considerado para a reconstrução da vida. Não mais reduzida ao que regularmente se nomeia como figura de autoridade, tampouco marcada pelo autoritarismo que revela seu embuste. Dizer de autoridade que funda sua legitimidade a partir dos atos que renovam os princípios da humanidade. Princípios esses, que atualizam os impasses e conflitos humanos, marcados pela insistência de mudança.

Lembremos que os animais humanos fizeram aliança com os vírus. Já os manejam a seu bel prazer, administrando como bem entendem a expansão e a proliferação da morte. Nessa aliança inédita os animais humanos deixam o serviço da morte ao gosto e patrocínio de vírus, bactérias..., mas, não somente.

Os animais humanos aprenderam que o discurso pela vida, e defesa da liberdade também podem ser bem utilizados por eles. "Guerra é paz, liberdade é escravidão", já havia sido pronunciado por George Orwell como expressões da Novilíngua, em seu livro clássico, *1984*.

Os animais humanos cativam com seus discursos quanto mais eles transmitem, pela promessa da morte a eliminação das fontes de aflição e medos cotidianos. Tal é a eficácia de uma frase repetida à exaustão, "bandido bom é bandido morto".

É preciso notar que a eficácia não se resume em prometer a morte do bandido, mas sim, a justiça do crime como solução generalizada, consentida e digna de valorização.

Tal como as formigas carnívoras que retornam ao formigueiro diante de uma ameaça imprevisível, os animais humanos retornarão aos seus esconderijos no momento oportuno. Os de maior porte como ursos, irão hibernar sem serem incomodados. Deixarão seus advogados para mantê-los longe dos olhos da multidão. Enquanto isso, animais humanos e seres humanos continuarão convivendo num cenário onde a agressividade, o ódio e a violência serão reconhecidos como expressão de autenticidade.

Nessa nova cena em que os humanos convivem, o grito e os zurros atravessam a produção musical de mercado. A (re) composição da música, Flo Menezes, ficará ainda mais restrita. Tendo chegado a esse momento em que a menção a sensibilidade é motivo de depreciação e sarcasmo, podemos constatar enfim, a conclusão da metamorfose.

Os animais humanos não são todos, em relação aos que se mantem seres humanos. O que esses últimos desconhecem, sem se darem conta, é que muitos deles consentiram à contaminação. Quando falam, quando gesticulam, quando gritam, esboçam os primeiros traços da mutação. Transformando-se em novos animais, eles agem espalhando o vírus com detalhes de um requinte que fascina outros humanos para a revolução dos bichos.

O cortejo das baratas, dos rinocerontes e formigas apresentará o tempo de um novo reinado, onde o porco será admirado em sua limpeza, o burro enaltecido em sabedoria, o esgoto borbulhará limpidez, compondo o cenário ideal para uma multidão de devotos a aplaudir os próximos animais que estarão ao nosso redor.

Em breve, iremos reencontrá-los.

SOBRE O AUTOR

Mauro Mendes Dias é psicanalista, diretor do Instituto Vox de pesquisa em Psicanálise, São Paulo.

Orienta atividades do Instituto sobre os textos dos Escritos, de Jacques Lacan; e sobre perversão: da clínica à política.

Realiza apresentação de pacientes no Hospital São João de Deus, em parceria, com o objetivo de avaliação das condutas terapêuticas e encaminhamentos de alta hospitalar.

Contribui, no Instituto Vox, com a atividade voltada para os tratamentos dos sujeitos psicóticos.

Autor, por essa editora, de:

Por causa do pior, em parceria com Dominique Fingermann

Os ódios, clínica e política do psicanalista

O discurso da estupidez

Atualmente se dedica a escrita de outros livros, como agora, sobre os efeitos da incorporação animal na vida particular, tanto quanto na coletividade.

Este livro foi composto em *Minion* e *Gothan* pela *Iluminuras* e terminou de ser impresso em 2021 nas oficinas da *Meta Brasil Gráfica*, em Cotia, SP, sobre papel off-white 80 gramas.